CHAMBRE SYNDICALE

DES

FABRICANTS DE JOUETS ET JEUX

RAPPORT

DE LA COMMISSION

DE LA

PROPRIÉTÉ INDUSTRIELLE

MEMBRES DE LA COMMISSION :

MM. WOGUE, PIERRUGUE BOUTTEVILLE

M. ROUSSEL, Rapporteur

COMPIÈGNE

IMPRIMERIE A. MENNECIER

17, Rue Pierre-Sauvage, 17.

1898

CHAMBRE SYNDICALE

DES

FABRICANTS DE JOUETS ET JEUX

RAPPORT

DE LA COMMISSION

DE LA

PROPRIÉTÉ INDUSTRIELLE

MEMBRES DE LA COMMISSION :

MM. WOGUE, PIERRUGUES, BOUTTEVILLE

M. ROUSSEL, RAPPORTEUR

COMPIÈGNE

IMPRIMERIE A. MENNECIER

17, Rue Pierre-Sauvage, 17.

—

1898

NOTE SUR LA PROTECTION LÉGALE

DES

MODÈLES ET DESSINS INDUSTRIELS

CHAMBRE SYNDICALE

DES

FABRICANTS DE JOUETS ET JEUX

RAPPORT

DE LA COMMISSION

DE LA

PROPRIÉTÉ INDUSTRIELLE

MEMBRES DE LA COMMISSION :

MM. WOGUE, PIERRUGUES, BOUTTEVILLE

M. ROUSSEL, Rapporteur

COMPIÈGNE

IMPRIMERIE A. MENNECIER

17, Rue Pierre-Sauvage, 17.

—

1898

NOTE SUR LA PROTECTION LÉGALE

DES

MODÈLES & DESSINS INDUSTRIELS

I. ÉTAT DE LA QUESTION

1° La Loi de 1806 a un objet spécial.

La seule loi qui protège en France la propriété des dessins et modèles industriels est celle du 18 mars 1806.

Cette loi fut promulguée à la demande des Fabricants lyonnais qui se plaignaient d'une contrefaçon effrénée s'exerçant à leur préjudice.

Napoléon I⁰ʳ, lors d'un voyage qu'il fit à Lyon en 1806, reçut leurs doléances ; la question fut portée au Corps législatif et aboutit à la loi du 18 mars, portant établissement d'un Conseil de Prudhommes à Lyon. Cette loi contenait, en outre, et accessoirement, une Section (Section III), relative à la conservation et à la propriété des dessins.

Depuis cette époque, une Ordonnance royale fut rendue le 17 août 1825 pour préciser différents points de procédure que la loi de 1806 n'avait pas prévus. Mais aucune loi nouvelle n'a été promulguée.

Comme on peut le voir par l'examen du texte de la loi, celle-ci avait un but tout spécial. Elle était destinée uniquement à protéger les fabricants de soierie, qui, à cette époque, étaient assurément les premiers du monde, et que

2

différents industriels, de France d'abord, puis de l'Étranger, pillaient à l'envie.

La soierie était alors la grosse, la seule industrie de grande envergure, c'était l'orgueil de la France, il fallait la protéger. La loi de 1806 a été au plus pressé et les Lyonnais se sont trouvés satisfaits.

2° Assimilation des Modèles aux Dessins en se basant sur la discussion de la Loi.

Mais, peu à peu, avec le temps et les progrès de la mécanique, d'autres industries grandirent, elles aussi, et se trouvèrent dans la même nécessité que l'avaient été les Lyonnais de demander protection contre le pillage.

Les Tribunaux n'avaient alors à leur disposition que le décret du 19 juillet 1793 concernant les peintres et les dessinateurs ; les articles 425 et suivants du Code pénal de 1810 concernant les littérateurs et les dramaturges et la loi de 1806.

De tous ces textes, ce dernier étant celui qui paraissait le mieux approprié aux questions industrielles, était en général suivi. Toutefois, il ne pouvait être appliqué aux modèles industriels qu'à l'aide d'une interprétation de texte et en se basant sur la discussion qui avait précédé le vote de la loi.

Camille Pernon, l'orateur du Tribunat, avait dit dans son discours, qui à lui seul avait constitué la discussion : « Quand Lyon surveillera ses soieries, Rouen ses toiles, « Genève ses bijoux et ses montres, alors la France et « l'Étranger pourront acheter avec sécurité les produits de « l'industrie française, etc... »

Il était donc évident que, dans leur esprit, les auteurs de la loi entendaient protéger aussi bien les dessins d'étoffe que des objets en relief, c'est-à-dire des modèles industriels.

3° L'extension de la Loi n'est pas appropriée aux Modèles et Dessins en général.

Malgré tout l'esprit d'équité qui pouvait animer les Tribunaux, la loi n'était pas assez précise pour que, entre toutes les Cours de France, il n'y eut pas des différences d'arrêts, provenant de l'appréciation personnelle des juges.

Les uns, en effet, admettaient que tout modèle reproduit à un grand nombre d'exemplaires est un modèle industriel ; d'autres, au contraire, étaient d'avis qu'un objet, s'il présenté un caractère artistique, est une œuvre d'art ; dans ce cas, la loi de 1793 trouvait son application. Encore fallait-il une interprétation de cette loi, car elle ne concerne que les arts graphiques, littéraires et musicaux, et ce n'est que par assimilation que les Tribunaux l'invoquaient pour la protection des arts plastiques.

On se trouvait donc, dès le commencement de ce siècle, dans une grande incertitude en ce qui concerne la protection des modèles industriels.

Les gouvernements se sont succédé, plus préoccupés de politique que d'administration, et ont complètement délaissé cette question.

4° Progrès des Industries d'Art.

Pendant ce temps, l'industrie marchait à grands pas, elle se développait avec une rapidité que l'on n'avait encore jamais vue dans l'histoire commerciale d'aucun peuple et les modèles n'étaient toujours pas protégés par une loi qui leur soit spécialement affectée et qui concernât l'industrie en général.

Les industries d'art ont pris surtout en ce siècle un développement énorme. Les bronzes, qui étaient autrefois chose rare et coûteuse, se sont multipliés par le fait même des nouveaux emplois qu'on a pu leur donner. Ce qui, autrefois, existait à peine et ne servait que pour la décoration architecturale et quelques rares usages courants, entra peu à peu dans les mœurs et l'invention des lampes à modérateur, du gaz, le luxe de plus en plus développé des ameublements et l'habitude du confort, contribuèrent à provoquer l'éclosion d'une foule de modèles industriels suffisamment étudiés et soignés comme fabrication pour être à la fois des œuvres d'art.

Un pareil développement devait entraîner fatalement la contrefaçon. De nombreux procès furent engagés reposant tous sur des bases très sérieuses et concernant des intérêts importants.

5° Flottement des Décisions de Justice.

Les jugements rendus furent extrêmement variables.

Certains Tribunaux observaient strictement la loi de 1806 ; d'autres, celle de 93 ; d'autres, enfin, cherchaient à établir une distinction suivant les cas et adoptaient tantôt l'une, tantôt l'autre.

Tous ces flottements étaient éminemment préjudiciables à l'industrie. Ils décourageaient les bonnes volontés, et vers 1875, la production des modèles nouveaux dans l'industrie du bronze pour n'en citer qu'une, avait considérablement diminué.

Pour obvier à cet inconvénient, les Fabricants de Bronze réclamèrent avec insistance l'application à leur industrie de la loi de 93.

Ce choix est facile à comprendre quand on examine la sévérité des répressions et la rapidité de la procédure, surtout de la saisie.

Néanmoins, ils ne s'en tinrent pas là et provoquèrent en 1877 l'étude d'une nouvelle loi qui fut présentée par M. Bozérian et adoptée par le Sénat dans les séances des 11 et 29 mars 79.

6° **Proposition de Loi Bozérian au Sénat.**

Cette loi n'eut pas, par la suite, le bonheur de voir le jour aussi vite que l'on pouvait s'y attendre.

Si elle avait intéressé les sénateurs, elle ne put, malgré tout, vaincre l'indifférence complète des députés.

Ce n'est, en effet, que le 30 mars 1881 qu'elle fut discutée à la Chambre et renvoyée à la Commission. Le rapport de cette dernière ne put être lu pendant longtemps, les occupations de la Chambre ne lui permettant pas d'en inscrire l'examen à son ordre du jour.

Ce n'est que le 21 juin 1894, plus de 15 ans après la première lecture au Sénat, que M. Philippon put lire à la tribune son rapport qui concluait au rejet de la loi.

D'où venait ce rejet ?

Le projet de loi Bozérian essayait de protéger les modèles industriels en établissant une distinction entre les modèles industriels et les modèles artistiques.

L'article 2 dit : « Sont réputés modèles industriels « toutes œuvres en relief destinées par une semblable « reproduction à constituer un objet ou faire partie d'un « objet industriel.

Article 3 : « Ne sont pas comprises dans ces catégories « les œuvres dans lesquelles le caractère artistique sera « prédominant. Ces œuvres continueront à être protégées « par la loi de 1793. »

Ce furent ces deux articles qui firent sombrer la proposition de loi.

En effet, la Chambre objectait qu'une loi doit avant tout définir nettement l'objet auquel elle s'applique. Or, le paragraphe 3 n'indique pas suffisamment où commence l'objet d'art, où finit l'objet industriel.

Il était nécessaire pour le fixer nettement, de renvoyer le projet à la Commission qui étudierait ce point en détail.

La question se trouvait alors détournée de son vrai sens :

les travaux de la Commission aboutirent au rapport de M. Philippon.

7° Rapport et Proposition de Loi Philippon.

Ce rapport est extrèmement documenté. Mais, à notre avis, pèche par la conclusion.

En effet, il conseille à la Chambre de renvoyer purement et simplement le projet de loi aux calendes grecques, se basant sur l'impossibilité de séparer l'art de l'industrie et de protéger l'un sans nuire à l'autre. Dans ces conditions, il vaut mieux, dit-il, ne plus s'occuper de cette loi.

Ce système nous parait condamnable, car l'étude de la proposition Bozérian montre qu'elle a beaucoup de bon et aurait rendu de grands services à l'industrie, si on n'avait pas voulu séparer les objets ayant un caractère artistique.

En les admettant au bénéfice de la loi, on faisait profiter également toutes les industries d'un progrès. Bien au contraire, par la méthode employée, l'industrie en général n'a pas eu la loi qu'elle demandait et les industries d'art n'ont rien eu non plus.

M. Philippon avait joint à son rapport un projet de loi ne concernant que la propriété artistique d'industrie d'art. Ce projet n'a jamais été discuté.

Cet exposé un peu long de l'état de la question était utile car, au premier abord, il semble extraordinaire qu'un pays industriel comme le nôtre ne jouisse pas d'une loi protégeant ses modèles et empêchant la contrefaçon étrangère. Il en est pourtant ainsi, et la seule loi qui nous protège a 92 ans d'existence et ne se rapporte plus, en quoi que ce soit, à l'état de l'industrie.

La proposition Bozérian nous a paru, quoique rejetée par la Chambre, réunir beaucoup d'éléments favorables, aussi, après l'avoir soigneusement étudiée, l'avons-nous prise comme base de notre travail ; c'est ce que nous verrons un peu plus loin.

Auparavant, il nous serait profitable de jeter un coup d'œil sur les dispositions prises par les Nations voisines pour la protection de leurs dessins et modèles.

II. APERÇU DES LOIS ÉTRANGÈRES

1° Suisse.

La protection des modèles et dessins industriels est établie par la loi du 28 décembre 1888. Elle ne comprend pas les œuvres artistiques qui, elles, sont protégées par la loi de 1883.

Les dessins doivent être nouveaux et n'avoir reçu aucune publicité.

La durée de la protection est de 2, 5, 10, 15 ans.

Le dépôt est fait par demande adressée au Bureau fédéral de la propriété industrielle, accompagnée d'un exemplaire du dépôt, soit en nature, soit par esquisse ou photographie, ouvert ou scellé, isolément ou en paquet, mais ne contenant pas plus de 50 dessins et ne pesant pas plus de 10 kilos.

Le secret est gardé deux ans.

Les taxes perçues sont :

1re période 2 ans, 3 francs par paquet.
2e   —   2e à 5e année, 0 fr. 50 par modèle ou dessin.
3e   —   5e à 10e   —   3 fr.   —
4e   —   10e à 15e   —   7 fr.   —

La déchéance est encourue en cas de fausse déclaration

ou non exploitation en Suisse dans une mesure convenable.

Les étrangers doivent avoir un mandataire.

Les peines encourues par les contrefacteurs sont : dommages-intérêts ; amende de 30 à 2.000 francs ; prison : de 3 jours à 1 an ; confiscation.

2° **Portugal.**

Le décret du 15 décembre 1894 accorde la protection aux :

1° *Dessins industriels.* — Comprenant les dessins, figures, estampes, peintures et tous patrons ou dispositions de traits ou de couleurs, susceptibles d'être reproduits d'une manière distincte à la surface des objets fabriqués.

Excepté : Les gravures, les peintures, émaux, photographies et autres dessins ayant un caractère artistique.

2° *Modèles industriels.* — Comprenant les moules, objets en relief et formes qui représentent des produits industriels ou qui sont applicables à ces produits.

Excepté : Les statues, gravures en relief et sculptures présentant un caractère artistique, à moins qu'elles ne soient destinées à être reproduites mécaniquement ou par des procédés permettant une multiplication facile et de façon à faire perdre l'individualité caractéristique de l'objet d'art.

La durée de protection est de 5 ans et renouvelable indéfiniment par périodes égales.

La taxe est de :

1.000 reis pour 5 ans.
1.500 — 5 années suivantes.
2.000 — — et ainsi de suite.

La demande est publiée et les dépôts communiqués.

Le dépôt doit être fait en triple exemplaires en nature ou par esquisse ou par photographie.

Les peines encourues par le contrefacteur sont : amende,
de 20 à 200.000 reis ; prison, 8 jours à 3 mois.

3° Angleterre.

Lois des 25 août 1883 et 24 décembre 1888.
Règlements d'exécution de 1890 et 1893.

La protection concerne le *design*, qui comprend tout
dessin applicable à un article de manufacture ou à toute
substance artificielle ou naturelle et concernant sa forme
ou sa décoration, quel que soit le moyen employé pour
l'appliquer.

Le *droit d'auteur* consacré par ces lois, signifie le droit
exclusif d'appliquer un *design* à tout article de manufacture
ou à toute substance appartenant à la classe dans laquelle
le dessin a été enregistré.

Le dessin doit être nouveau ou original et n'avoir reçu
aucune publicité.

L'enregistrement est soumis à l'examen préalable.

La demande doit être accompagnée de trois dessins ou
reproductions graphiques, avec une description et l'indication de la classe de marchandises auxquelles il sera
appliqué.

La taxe varie suivant les catégories. Ces dernières sont
au nombre de 14.

La protection dure 5 ans.

Avant toute mise en vente, l'article doit porter la mention
de l'enregistrement du dépôt à peine de déchéance.

Le dépôt reste secret pendant la durée de la protection
sauf pour le propriétaire, les personnes autorisées par lui et
celles qui pourraient être désignées par autorité de justice.

La déchéance est prononcée si, dans les six mois de
l'enregistrement, le dessin est exploité à l'étranger sans
l'être en Angleterre.

Les pénalités sont : une amende de 50 à 100 livres au
profit du propriétaire et des dommages-intérêts.

3

4° **Etats-Unis.**

Lois de 1870-71 et 18 juin 1874.

Pas de définition des dessins protégés.

La protection dure 3 ans 1/2, 7 ans ou 14 ans; elle est constatée par un brevet.

Le dépôt se fait à découvert accompagné d'une description.

La taxe est de 10, 15, 30 dollars correspondant aux trois périodes.

L'objet protégé doit porter le mot *patented*. L'inscription frauduleuse de ce mot est punissable; son absence entraîne la déchéance.

Pénalités : amende d'au moins 100 dollars.

5° **Allemagne.**

La loi du 9 janvier 1876 concerne les œuvres purement artistiques.

Celle du 11 juin 1870, les dessins d'art technique ou instructifs.

La loi du 11 janvier 1876 s'applique aux modèles et dessins industriels en ce qui touche la forme extérieure à donner aux choses, en relief ou en plan, pourvu que ces choses soient reproduites en nombre par des procédés industriels, tout en visant à satisfaire le goût ou le sentiment artistique du public.

La protection est acquise par l'enregistrement auprès du Tribunal de l'établissement ou du domicile du déposant, avant toute publication.

La protection dure de 1 an à 3 ans, avec prolongement facultatif jusqu'à 15 ans.

Le dépôt est fait à découvert ou cacheté, isolément ou par paquet, contenant jusqu'à 50 dessins et pesant jusqu'à 10 kilos. Il peut être secret pendant 3 ans.

Taxe :

1 mark par an pour les 3 premières années.
2 — — de la 4e à la 10e.
3 — — de la 11e à la 15e.

Sanction : Amende de 1000 thalers au plus et amende-réparation de 2000 thalers au plus ou dommages-intérêts, confiscation.

Enfin le 1er juin 1871 apparaît une loi concernant les modèles d'utilité, qui comprennent : Les modèles d'instruments de travail ou d'objets destinés à un usage pratique en tant qu'ils présentent une nouveauté par leur forme ou leur mécanisme.

De cette catégorie font partie les automates, les jouets et les articles de bureau.

La protection est de 3 à 6 ans.

Par ces rapides analyses des lois régissant la propriété des modèles et dessins industriels dans les pays les plus industrieux, on peut se rendre compte de l'importance et de la complexité de la question.

Aucune de ces lois n'est antérieure à 1870, époque à laquelle l'industrie a commencé à prendre son plus grand développement. Nous sommes donc, sur elles, en retard de *64 ans.*

Les traits principaux à relever dans ces lois, sont :

1° Durée limitée et fractionnée de la protection ;

2° Distinction des modèles industriels et des œuvres d'art ;

3° Publicité du dépôt ;

4° Sanctions spéciales et très sévères de la contrefaçon.

Armés de ces renseignements, voyons maintenant ce que nous pouvons demander avec chances de succès.

III. BASES D'UNE NOUVELLE LOI

1° Nécessité de définir exactement l'objet de la protection.

Comme nous l'avons vu plus haut, la proposition de loi de M. Bozérian a échoué pour avoir voulu établir une distinction entre les dessins et modèles industriels et les modèles artistiques.

La controverse s'est donné libre carrière sur cette question et depuis vingt ans, malgré les congrès, les discours et les mémoires, elle n'a pas fait avancer d'un pas cette question importante faute d'avoir pu trouver un terrain de conciliation des intérêts et des susceptibilités. Nous n'avons pas la prétention de donner ici une solution à un problème auquel n'en ont pas trouvée des hommes d'une autre valeur que la nôtre. Nous allons simplement essayer d'introduire un nouvel élément dans la discussion.

Les théories jusqu'ici en présence établissaient la distinction sur les bases suivantes :

a) *Le Mode de reproduction*. — Un objet est artistique s'il est fait à la main, et industriel s'il est fait à la machine.

Objection : Les gravures sont reproduites par des procédés mécaniques et pourtant artistiques. Les dessins de broderie sont faits à la main et pourtant industriels.

b) *Le Caractère artistique*. — Ce caractère est difficile à établir, car il est impossible de dire où commence et où finit l'art. D'autre part, en cas de contestation, les tribunaux ont à apprécier la valeur artistique, ce qui n'est pas de leur compétence.

c) *La Destination*. — Cette théorie est défectueuse en ce sens qu'un objet usuel et commun peut devenir artistique et inversement. (Pot-au-feu garni d'orfèvrerie par exemple.)

d) *La Principale destination* a les inconvénients des deux systèmes précédents sans présenter d'avantage nouveau.

e) *La Prédominance artistique* amène la classification de tous les objets en catégories nombreuses et qui arriveront forcément à créer des confusions.

f) *Proposition.* — Après examen de ces différents systèmes dont le développement est beaucoup trop considérable pour trouver place ici, nous avons été amenés à la proposition suivante :

Laisser de côté entièrement la valeur artistique ou matérielle, ne pas s'occuper du plus ou moins de talent de l'auteur, chose toujours discutable, mais s'attacher aux moyens de production ou de reproduction multiples d'objets identiques comme forme, dessin ou couleur.

Un homme aura-t-il entre les mains les éléments nécessaires pour produire par lui-même ou par d'autres plusieurs fois, cinq ou six seulement ou un nombre indéfini, peu importe, des objets ou dessins identiques, ce qu'il fera sera industriel.

Devra-t-il, au contraire, faire œuvre individuelle, personnelle, pour reproduire le même objet, son œuvre sera dite artistique. Nous appellerons ce système, celui des : **Productions multiples**.

Nous ne nous dissimulons pas que nous allons soulever contre nous une tempête formidable. Tout d'abord on nous objectera les gravures qui sont protégées par la loi de 1793 et qui sont reproduites indéfiniment.

Nous répondrons à cela : 1° Que la loi de 93 concerne l'auteur même de la gravure, mais non celui qui l'édite ; la preuve en est que personne ne peut la reproduire sans autorisation ; 2° qu'il n'y a aucun obstacle à ce que l'auteur

soit protégé par la loi de 93 et l'éditeur par une loi industrielle.

Nous aurons alors à vaincre les questions d'amour-propre ; si certains industriels seront flattés d'être confondus avec les artistes, des artistes au contraire seront froissés de cette confusion. Là n'est pas encore la pierre d'achoppement, car il faut reconnaître que, si, actuellement, tout le monde se pique de connaissances artistiques, il fut un temps, il y a un demi-siècle, où les peintres, pour ne parler que d'eux, étaient tenus en assez piètre estime.

Quoi qu'il en soit, nous ne prétendons pas avoir trouvé la solution définitive ; mais, comme nous l'avons dit, nous voulons introduire un nouvel élément de discussion, et le considérant comme bon jusqu'à preuve du contraire, nous l'émettrons de la façon suivante :

DÉFINITION : Un modèle ou un dessin est dit industriel lorsque, par un moyen quelconque, il peut être reproduit indéfiniment identique à lui-même.

2° Du Dépôt.

Son utilité. — Une autre question qui a soulevé de graves discussions est celle du dépôt et de son utilité.

Les fabricants d'œuvres coûteuses, et en particulier les orfèvres, les bijoutiers et les fabricants de bronzes et de meubles, sont les adversaires déclarés du dépôt. Ils prétendent que ce serait pour eux une source de dépenses très grandes dont ils ne retireraient pas un profit correspondant.

Ceci est vrai si l'on exige le dépôt en nature, mais rien n'empêche d'employer un moyen économique qui donnera sensiblement les mêmes résultats ; nous l'examinerons plus loin.

Nous sommes, nous, de l'avis exactement contraire. Nous considérons le dépôt comme indispensable, et toutes les lois promulguées, y compris celle de 93, françaises ou étrangères, sont avec nous.

Le dépôt est indispensable pour servir de témoignage irréfutable, pour constituer un titre permettant, plus tard, une action en justice. On a dit que la loi de 93 n'exigeait le dépôt qu'à la veille du procès. L'article 6 de cette loi exprime, en effet, que c'est une condition essentielle de la validité des poursuites. Mais ses premiers mots sont : « Tout « citoyen qui *mettra au jour* un ouvrage... sera *obligé* d'en « déposer deux exemplaires. » Ces mots ; mettra au jour, indiquent nettement, à notre avis, que le dépôt doit être immédiat et fait avant toute publication.

Le dépôt constituera donc un véritable titre de propriété à moins qu'il ne soit prouvé que le déposant a frauduleusement dépouillé le véritable propriétaire, avant que ce dernier n'ait pu faire son dépôt.

Validité. — Le dépôt ne sera valable que s'il concerne un objet ou un dessin nouveau ou ayant en lui-même un nombre d'éléments nouveaux tel qu'il constitue dans son ensemble une nouveauté. Ces éléments nouveaux peuvent venir d'adjonction de formes ou d'utilisation nouvelles ; ils peuvent être encore l'application à un usage nouveau d'un objet connu.

Un objet déposable sera, par exemple, une blague à tabac en forme de képi. L'un et l'autre sont connus, mais la combinaison est nouvelle. Cette disposition se retrouve, d'ailleurs, dans la loi de 1844, sur les Brevets d'invention.

Effet. — Il serait bon que la nouvelle loi précisât exactement l'étendue de sa protection et, à notre avis, il y aurait lieu de rendre le dépôt indépendant de la matière, de la couleur et de la dimension. Cette disposition existe actuellement en fait, mais elle n'est consacrée par aucun texe. Sous ces conditions, le modèle ou dessin déposé serait à l'abri d'une contrefaçon immédiate par mutation de matière. Un effet utile du dépôt qui a été demandé également et par des hommes compétents, le Syndicat des Ingénieurs-Conseils en matière de propriété industrielle, est que l'idée même qui a présidé à la confection du modèle ou du dessin puisse être protégée. Ainsi, dans l'exemple cité plus haut, le dépôt d'une blague à tabac en forme de képi garantirait la propriété d'objet du même genre, quelle que soit la forme du képi. Ce serait là, assurément, une garantie considérable et désirable, mais nous craignons que, précisément à cause de son étendue, le législateur n'y voie une atteinte à la marche du progrès industriel et ne l'accorde pas.

Il faudrait enfin que la loi protège l'auteur contre l'introduction en France d'objets contrefaits à l'étranger et donne une sanction énergique à cette protection en prononçant des peines contre tous les importateurs ou débitants de marchandises contrefaites.

Mention du dépôt. — Ceci va nous conduire naturellement à exiger que tout objet déposé porte la mention complète du dépôt, et tout objet importé l'indication de sa provenance. Mais cette dernière demande relève plutôt des questions douanières que des questions de propriété industrielle.

La mention de dépôt pourra être placée à volonté sur l'objet ou le dessin de façon à ne pas en altérer l'aspect à moins que l'exiguïté des dimensions ou toute autre raison ne rende la chose impossible, auquel cas il y aura lieu à dispense comme pour les poinçons de bijouterie.

Durée de protection. — La durée de protection peut être de 3, 5, 10, 15 ans ; on peut même la porter à la perpétuité.

Cette façon de voir existe dans nos lois depuis fort longtemps et la perpétuité n'a jamais donné lieu à aucune réclamation ; il n'y a donc pas lieu de la modifier. La seule disposition, peut-être préférable, serait de désigner une période de 15 ans, par exemple, à l'expiration de laquelle le dépôt devra être renouvelé pour une période égale renouvelable elle-même indéfiniment.

Forme du dépôt. — Le dépôt sera fait, soit en nature,

soit par reproduction graphique, toujours en double exemplaire.

1° *En nature*, il ne devra pas dépasser des dimensions et un poids à déterminer.

2° *Par reproduction graphique.* — Les objets qui auraient en nature des dimensions manifestement trop grandes ou un poids excédant celui prévu, pourront être représentés graphiquement par tout moyen connu ou à connaître.

Il sera loisible au déposant de réunir sous le titre d'un seul dépôt autant de vues, croquis, esquisses, dessins ou photographies qu'il voudra, pour représenter exactement et dans toutes ses parties l'objet qu'il a l'intention de protéger. Il lui sera même permis d'indiquer des dimensions caractéristiques, s'il le juge convenable.

Le secret absolu peut être demandé pour 3 ans.

Enfin, dans tous les cas, le dépôt sera accompagné d'une notice succincte indiquant nettement les parties que le déposant entend protéger spécialement.

Cette dernière disposition, empruntée à la règlementation des brevets, permettrait de spécifier plus exactement la partie que le déposant considère comme sa propriété, du fait de son intelligence ou de son ingéniosité. De plus, cette notice servirait de base, comme dans les questions de brevet, pour apprécier l'importance de la contrefaçon.

Lieu et taxe du dépôt. — Le lieu du dépôt serait le Tribunal de Commerce dont ressort le siège social ou le domicile du déposant ; à son défaut, le Tribunal civil, et, dans les deux cas, le dépositaire serait le greffier.

La taxe sera :

2 fr.   de la 1re à la 3e année.
2   » 3e » 5e »
7 fr. 50 » 5e » 10e »
10 fr.   » 10e » 15e »

100 francs pour le renouvellement de chaque période nouvelle de 15 ans.

Le tout non compris les frais d'enregistrement.

Communication des dépôts. — Les dépôts seront tenus secrets quant à leur objet proprement dit et ne pourront être vus pendant la durée de la protection que par leurs propriétaires ou des personnes dûment autorisées par eux ; ils ne pourront toutefois prendre connaissance que d'un seul des deux exemplaires et toujours le même.

Un catalogue, placé au greffe du Tribunal et mis à jour par les soins du greffier, fera connaître au public, avec les noms des déposants, le titre des objets déposés et mentionnera intégralement la notice qui les accompagne, sauf pour les dépôts avec secret absolu. De cette façon, le contrefacteur ne pourra pas arguer de sa bonne foi ou de son ignorance du dépôt.

Il serait bon également qu'un bulletin spécial publiât, par catégorie d'industries, une liste mensuelle des dépôts avec indication sommaire de leur nature. Ce bulletin indiquerait aussi les dépôts dont le secret absolu prend fin et les dépôts expirés.

L'exemplaire resté sous scellés des modèles ou dessins faisant l'objet de ceux-ci, sera alors porté à une exposition permanente et classé par les soins d'un conservateur pour constituer un Musée industriel.

Nullité ou déchéance. — Le dépôt sera nul :

1° Si le modèle ou dessin n'est pas nouveau ;

2° Si, antérieurement au dépôt, il y a eu publication industrielle ;

3° S'il y a eu fausse déclaration ;

4° Si le dépôt a été fait par un autre que le véritable ayant droit ;

5° Si la description accompagnant le dépôt n'est pas exacte et sincère, ou si les revendications sont excessives ou étrangères au dépôt. Il sera déchu si le déposant n'a pas exploité en France le modèle ou les dessins dans les trois ans qui ont suivi la date du dépôt, ou s'il a cessé de l'exploiter pendant trois années consécutives, à moins d'impossibilité constatée.

Bénéficiaires. — Les bénéficiaires du dépôt seront l'auteur, ses cessionnaires, ses héritiers, ses successeurs, ses créanciers. On suivra, en cela, les règles admises pour la propriété mobilière.

3° **Contrefaçon.**

La contrefaçon peut être aussi bien partielle que totale; mais, dans tous les cas, elle sera appréciée en tenant compte surtout des revendications produites concurremment au dépôt.

Les importateurs en France d'objets contrefaits à l'étranger seront passibles des peines infligées aux contrefacteurs à titre de complices.

Répression. — Le droit de poursuite est accordé à tous les bénéficiaires du dépôt ou à leurs ayants droit.

La constatation de la contrefaçon sera faite par huissier sur l'ordre du Président du Tribunal civil qui pourra en même temps ordonner la saisie des articles contrefaits.

Avant tout jugement sur une contrefaçon, le Tribunal devra demander à une Chambre syndicale compétente son appréciation sur l'espèce. Une Commission de cinq membres sera désignée dans cette Chambre et fournira dans le mois, qui suivra la demande du Tribunal, un rapport sur la gravité de la contrefaçon.

Anfin d'assurer l'impartialité de ce rapport et d'éviter de fausser sa sincérité par l'intervention des intérêts privés dans la question, les Chambres syndicales seront formées en catégories d'industries similaires, et le rapport sera demandé, non à la Chambre dont fait partie l'un des plaideurs, mais à une autre Chambre appartenant à la même catégorie. C'est ainsi que les contrefaçons en matière de verrerie seraient portées à la Chambre des Fabricants de céramique ; en matière de jouet, à la Chambre des Cartonniers ou Quincailliers.

Pénalité. — Des pénalités seront encourues par le contrefacteur ; mais l'insuffisance de nos connaissances en droit pur ne nous permettent pas d'oser les indiquer. Nous laisserons ce soin aux législateurs en espérant qu'ils voudront bien être aussi sévères que ceux des nations voisines.

Colonies. — Un dernier point reste à soulever. Il faudrait que la future loi fut applicable à toutes les Colonies françaises. Dans l'état actuel, la situation de nos Colonies et des pays annexés est très indécise. Il faudrait, au contraire, nettement préciser que cette loi est applicable dans toute son étendue aux Colonies françaises et la faire adopter par les pays de protectorat.

RÉSUMÉ

Lignes principales d'une nouvelle Loi
sur la Propriété des Dessins et Modèles industriels.

1° *Définition*. — Est dit *Modèle industriel*, toute œuvre en relief pouvant, par un moyen quelconque, être reproduite indéfiniment identique à elle-même.

Est dit *Dessin industriel*, tout arrangement, disposition ou combinaison de traits ou de couleurs qui, par un moyen quelconque, peut être reproduit indéfiniment identique à lui-même.

2° Le *Dépôt* est utile, obligatoire, et constitue un titre de propriété.

3° Il n'est valable que s'il concerne un objet ou un dessin nouveau, ou ayant en lui-même un nombre d'éléments nouveaux tels qu'il constitue une nouveauté.

4° Il protège la forme et l'esprit qui a présidé à l'établissement de cette forme indépendamment de la matière, de la dimension et de la couleur.

5° La durée de la protection est de 3, 5, 10 et 15 ans, et renouvelable par période de 15 ans.

6° Le dépôt est effectué au greffe du Tribunal de Commerce, moyennant une taxe, en double exemplaire et accompagné d'une note de revendications.

7° Un seul des exemplaires déposés peut être consulté.

8° La liste des dépôts est publiée.

9° Les importateurs d'objets contrefaits seront assimilés aux contrefacteurs et poursuivis comme tels.

10° Les Chambres syndicales, groupées en catégories, devront donner leur avis dans les procès en contrefaçon.

11° Les Colonies et les pays de protectorat seront régis par la future loi.

CONCLUSIONS

La question que nous venons d'étudier bien sommairement est extrêmement complexe. Les intérêts les plus divers et parfois les plus contradictoires s'y trouvent engagés, et nous sommes à peu près sûrs que, malgré tout notre bon vouloir, les réformes que nous proposons seront vigoureusement critiquées et attaquées par d'autres Chambres syndicales.

Nous avons dans ce travail cherché à renseigner nos confrères sur l'état de la question, à provoquer une discussion d'où sortiront les desiderata de la Corporation.

Munis de la forme définitive des vœux de notre Chambre syndicale, nous sommes disposés à faire toutes les démarches nécessaires pour provoquer dans le Parlement une revision de la loi de 1806 qui ne correspond absolument plus au développement industriel de la France.

Le Rapporteur de la Commission,

C.-E. ROUSSEL

TEXTES LÉGISLATIFS

CONCERNANT

LA PROPRIÉTÉ INDUSTRIELLE

TEXTES LÉGISLATIFS

CONCERNANT

LA PROPRIÉTÉ INDUSTRIELLE

Loi du 19 Juillet 1793.

ART. 1er. — Les auteurs d'écrits en tout genre, les compositeurs de musique, les peintres et dessinateurs, qui feront graver des tableaux ou dessins, jouiront, durant leur vie entière, du droit exclusif de vendre, faire vendre, distribuer leurs ouvrages dans le territoire de la République, et d'en céder la propriété en tout ou en partie.

ART. 2. — Leurs héritiers ou cessionnaires jouiront du même droit durant l'espace de 10 ans après la mort des auteurs.

ART. 3. — Les officiers de paix seront tenus de faire confisquer, à la réquisition et au profit des auteurs, compositeurs, peintres ou dessinateurs et autres, leurs héritiers ou cessionnaires, tous les exemplaires des éditions imprimées ou gravées sans la permission formelle et par écrit des auteurs.

ART. 4. — Tout contrefacteur sera tenu de payer au véritable propriétaire une somme équivalente au prix de 3,000 exemplaires de l'édition originale.

ART. 5. — Tout débitant d'édition contrefaite, s'il n'est pas reconnu contrefacteur, sera tenu de payer au véritable propriétaire une somme équivalente au prix de 500 exemplaires de l'édition originale.

ART. 6. — Tout citoyen qui mettra au jour un ouvrage, soit de littérature ou de gravure, dans quelque genre que ce soit, sera obligé d'en déposer deux exemplaires à la Bibliothèque Nationale ou au Cabinet des Estampes de la République, dont il recevra un reçu signé par le bibliothécaire ; faute de quoi, il ne pourra être admis en justice pour la poursuite des contrefacteurs.

Art. 7. — Les héritiers de l'auteur d'un ouvrage de littérature ou de gravure, ou de toute autre production de l'esprit ou du génie qui appartiennent aux beaux-arts, en auront la propriété exclusive pendant 10 années.

Loi du 18 Mars 1806.

Titre II. — *Des Fonctions des Prud'hommes.*

Section III. — *De la Conservation de la Propriété des Dessins.*

Art. 14. — Le Conseil des Prud'hommes est chargé des mesures conservatrices de la protection des dessins.

Art. 15. — Tout fabricant, qui voudra pouvoir revendiquer, par la suite, devant le Tribunal de Commerce, la propriété d'un dessin de son invention, sera tenu d'en déposer, aux archives du Conseil des Prud'hommes, un échantillon plié sous enveloppe revêtue de ses cachet et signature, sur laquelle sera également apposé le cachet du Conseil des Prud'hommes.

Art. 16. — Les dépôts de dessins seront inscrits sur un registre tenu *ad hoc* par le Conseil des Prud'hommes, lequel délivrera aux fabricants un certificat rappelant le numéro d'ordre du paquet déposé et constatant la date du dépôt.

Art. 17. — En cas de contestation entre deux ou plusieurs fabricants sur la propriété d'un dessin, le Conseil des Prud'hommes procèdera à l'ouverture des paquets qui lui auront été déposés par les parties ; il fournira un certificat indiquant le nom du fabricant qui aura la priorité de date.

Art 18. — En déposant son échantillon, le fabricant déclarera s'il entend se réserver la propriété exclusive pendant une, trois ou cinq années, ou à perpétuité ; il sera tenu note de cette déclaration.

À l'expiration du délai fixé par ladite déclaration, si la réserve est temporaire, tout paquet d'échantillons déposé sous cachet dans les Archives du Conseil devra être transmis au Conservatoire des Arts de la ville de Lyon, et les échantillons y contenus être joints à la collection du Conservatoire.

Art. 19. — En déposant son échantillon, le fabricant acquittera entre les mains du Receveur de la commune une indemnité qui sera réglée par le Conseil des Prud'hommes et ne pourra excéder 1 franc pour chacune des années pendant lesquelles il voudra conserver la propriété exclusive de son dessin, et sera de 10 francs pour la propriété perpétuelle.

La loi de 1806, créée pour les fabriques de Lyon, a été généralisée en vertu des articles 34 et 35.

Art. 34. — Il pourra être établi, par un règlement d'administration publique délibéré en Conseil d'Etat, un Conseil de Prud'hommes dans les villes de fabriques où le Gouvernement le jugera convenable.

Art. 35. — Sa composition pourra être différente selon les lieux; mais ses attributions seront les mêmes.

Code Pénal de 1810.

Art. 425. — Toute édition d'écrits, de composition musicale, de dessin, de peinture, ou de toute autre production, imprimée ou gravée en entier ou en partie, au mépris des lois et règlements relatifs à la propriété des auteurs, est une contrefaçon; et toute contrefaçon est un délit.

Art. 426. — Le débit d'ouvrages contrefaits, l'introduction sur le territoire français d'ouvrages qui, après avoir été imprimés en France, ont été contrefaits chez l'étranger, sont un délit de la même espèce.

Art. 427. — La peine contre le contrefacteur ou contre l'introducteur sera une amende de 100 francs au moins, et de 2.000 francs au plus; et contre le débitant, une amende de 25 francs au moins et de 500 francs au plus.

La confiscation de l'édition contrefaite sera prononcée tant contre le contrefacteur que contre l'introducteur et le débitant.

Les planches, moules ou matrices des objets contrefaits, seront aussi confisqués.

ART. 428. — (Relatif à l'exécution illicite des œuvres dramatiques.)

ART. 429. — Dans les quatre articles précédents, le produit des confiscations ou les recettes confisquées seront remis au propriétaire pour l'indemniser d'autant du préjudice qu'il aura souffert ; le surplus de son indemnité, ou l'entière indemnité, s'il n'y a eu ni vente d'objets confisqués, ni saisie de recettes, sera réglé par les voies ordinaires.

Ordonnance royale des 17-29 Août 1825.

ART. 1er. — Le dépôt des échantillons de dessins qui doit être fait conformément à l'article 15 de la loi du 18 mars 1806, aux Archives des Conseils de Prud'hommes, pour les fabriques situées dans le ressort de ces Conseils, sera reçu, pour toutes les fabriques situées hors du ressort d'un Conseil de Prud'hommes, au greffe du Tribunal de Commerce, ou au greffe du Tribunal de première instance dans les arrondissements où les Tribunaux civils exercent la juridiction des Tribunaux de Commerce.

ART. 2. — Ce dépôt se fera dans les formes prescrites pour le même dépôt aux Archives des Conseils de Prud'hommes, par les articles 15, 16 et 18, section III, titre II, de la loi du 18 mars 1806.

Il sera reçu gratuitement, sauf le droit du greffier, pour la délivrance du certificat constatant ledit dépôt.

ART. 3. — Notre garde des sceaux, ministre secrétaire d'Etat de la justice, et notre ministre secrétaire d'Etat au département de l'intérieur, sont chargés de l'exécution de la présente Ordonnance, qui sera insérée au *Bulletin des Lois*.

Convention du 20 Mars 1883 pour la Protection de la Propriété Industrielle.

Promulguée par décret du 6 Juillet 1884.

ART. 1er. — Les Gouvernements de la Belgique, du Brésil, de l'Espagne, de la France, du Guatémala, de l'Italie, des Pays-Bas, du Portugal, du Salvador, de la Serbie, de la Suisse, sont constitués à l'état d'Union pour la protection de la propriété industrielle.

ART. 2. — Les sujets ou citoyens de chacun des Etats contractants jouiront, dans les autres Etats de l'Union, en ce qui concerne les brevets d'invention, les dessins ou modèles industriels, les marques de fabrique ou de commerce et le nom commercial, des avantages que les lois respectives accordent actuellement ou accorderont par la suite aux nationaux.

En conséquence, ils auront la même protection que ceux-ci et le même recours légal contre toute atteinte portée à leurs droits, sous réserve de l'accomplissement des formalités et des conditions imposées aux nationaux par la législation intérieure de chaque Etat.

ART. 3. — Sont assimilés aux sujets ou citoyens des Etats contractants les sujets ou citoyens des Etats ne faisant pas partie de l'Union, qui sont domiciliés ou ont des établissements industriels ou commerciaux sur le territoire de l'un des Etats de l'Union.

ART. 4. — Celui qui aura régulièrement fait le dépôt d'une demande de brevet d'invention, d'un dessin ou modèle industriel, d'une marque de fabrique ou de commerce, dans l'un des Etats contractants, jouira, pour effectuer le dépôt dans les autres Etats, et sous réserve des droits des tiers, d'un droit de priorité pendant les délais déterminés ci-après.

En conséquence, le dépôt ultérieurement opéré dans l'un des autres Etats de l'Union, avant l'expiration de ces délais, ne pourra être invalidé par des faits accomplis dans l'intervalle, soit notamment par un autre dépôt, par la publication de l'invention ou son exploitation par un tiers, par la mise en vente d'exemplaires du dessin ou du modèle, par l'emploi de la marque.

Les délais de priorité mentionnés ci-dessus seront de six mois pour les brevets d'invention et de trois mois pour les dessins et modèles industriels, ainsi que pour les marques de fabrique ou de commerce. Ils seront augmentés d'un mois pour les pays "outre-mer.

ART. 5. — L'introduction, par le breveté, dans le pays où le brevet a été délivré, d'objets fabriqués dans l'un ou l'autre des États de l'Union, n'entraînera par la déchéance. Toutefois, le breveté restera soumis à l'obligation d'exploiter son brevet conformément aux lois du pays où il introduit des objets brevetés.

ART. 6. — Toute marque de fabrique ou de commerce, régulièrement déposée dans le pays d'origine, sera admise au dépôt et protégée telle quelle dans tous les autres pays de l'Union.

Sera considéré comme pays d'origine le pays où le déposant a son principal établissement.

Si ce principal établissement n'est point situé dans un des pays de l'Union, sera considéré comme pays d'origine celui auquel appartient le déposant.

Le dépôt pourra être refusé si l'objet pour lequel il est demandé est considéré comme contraire à la morale ou à l'ordre public.

ART. 7. — La nature du produit sur lequel la marque de fabrique ou de commerce doit être apposée ne peut, dans aucun cas, faire obstacle au dépôt de la marque.

ART. 8. — Le nom commercial sera protégé dans tous les pays de l'Union sans obligation de dépôt, qu'il fasse ou non partie d'une marque de fabrique ou de commerce.

ART. 9. — Tout produit, portant illicitement une marque de fabrique ou de commerce ou un nom commercial, pourra être saisi à l'importation dans ceux des États de l'Union dans lesquels cette marque ou ce nom commercial ont droit à la protection légale. La saisie aura lieu à la requête soit du ministère public, soit de la partie intéressée, conformément à la législation intérieure de chaque État.

ART. 10. — Les dispositions de l'article précédent seront applicables à tout produit portant faussement, comme indication de provenance, le nom d'une localité déterminée, lorsque cette indication sera jointe à un nom commercial fictif ou emprunté dans une intention frauduleuse. Est réputé partie intéressée tout fabricant ou commerçant engagé dans la fabrication ou le commerce de ce produit, et établi dans la localité faussement indiquée comme provenance.

ART. 11. — Les hautes parties contractantes s'engagent à accorder une protection temporaire aux inventions brevetables, aux dessins ou modèles industriels, ainsi qu'aux marques de fabrique ou de commerce, pour les produits qui figureront aux Expositions internationales officielles ou officiellement reconnues.

ART. 12. — Chacune des hautes parties contractantes s'engage à établir un service spécial de la Propriété industrielle et un dépôt central pour la communication au public des brevets d'invention, des dessins ou modèles industriels et des marques de fabrique ou de commerce.

ART. 13. — Un office international sera organisé sous le titre de : *Bureau international de l'Union pour la protection de la Propriété industrielle*.

Ce Bureau, dont les frais seront supportés par les Administrations de tous les Etats contractants, sera placé sous la haute autorité de l'Administration supérieure de la Confédération Suisse et fonctionnera sous sa surveillance. Les attributions en seront déterminées d'un commun accord entre les Etats de l'Union.

ART. 14. — La présente convention sera soumise à des revisions périodiques, en vue d'y introduire les améliorations de nature à perfectionner le système de l'Union.

A cet effet, des conférences auront lieu successivement dans l'un des Etats contractants entre les délégués desdits Etats.

La prochaine réunion aura lieu, en 1883, à Rome.

ART. 15. — Il est entendu que les hautes parties contractantes se réservent respectivement le droit de prendre séparément entre elles des arrangements particuliers pour la protection de la Propriété industrielle, en tant que ces arrangements ne contreviendraient point aux dispositions de la présente Convention.

ART. 16. — Les Etats qui n'ont point pris part à la présente Convention seront admis à y adhérer sur leur demande. Cette adhésion sera notifiée par la voie diplomatique au Gouvernement de la Confédération Suisse et par celui-ci à tous les autres.

Elle emportera, de plein droit, accession à toutes les clauses et admission à tous les avantages stipulés par la présente Convention.

ART. 17. — L'exécution des engagements réciproques contenus dans la présente Convention est subordonnée en tant que de besoin à l'accomplissement des formalités et règles établies par les lois constitutionnelles de celles des hautes parties contractantes qui sont tenues d'en provoquer l'application, ce qu'elles s'obligent à faire dans le plus bref délai possible.

Art. 18. — La présente Convention sera mise à exécution dans le délai d'un mois à partir de l'échange des ratifications et demeurera en vigueur pendant un temps indéterminé jusqu'à l'expiration d'une année à partir du jour où la dénonciation en sera faite.

Cette dénonciation sera adressée au Gouvernement chargé de recevoir les adhésions. Elle ne produira son effet qu'à l'égard de l'Etat qui l'aura faite, la Convention restant exécutoire pour les autres parties contractantes.

Art. 19. — La présente Convention sera ratifiée, et les ratifications en seront échangées à Paris, dans le délai d'un an au plus tard.

En foi de quoi, les plénipotentiaires respectifs l'ont signée et y ont apposé leurs cachets.

Fait à Paris, le 20 mars 1883.

Protocole de Clôture.

Au moment de procéder à la signature de la Convention conclue, à la date de ce jour, entre le Gouvernement de la France, de la Belgique, du Brésil, de l'Espagne, du Guatémala, de l'Italie, des Pays-Bas, du Portugal, du Salvador, de la Serbie et de la Suisse, pour la protection de la Propriété industrielle, les plénipotentiaires soussignés sont convenus de ce qui suit :

I. Les mots : *Propriété industrielle*, doivent être entendus dans leur acception la plus large, en ce sens qu'ils s'appliquent non-seulement aux produits de l'industrie proprement dite, mais également aux produits de l'agriculture (vins, grains, fruits, bestiaux, etc.), et aux produits minéraux livrés au commerce (eaux minérales, etc.).

II. Sous le nom de : *Brevets d'invention*, sont comprises les diverses espèces de brevets industriels admises par les législations des Etats contractants, telles que les brevets d'importation, brevets de perfectionnement, etc.

III. Il est entendu que la disposition finale de l'article 2 de la Convention ne porte aucune atteinte à la législation de chacun des Etats contractants en ce qui concerne la procédure suivie devant les Tribunaux et la compétence de ces Tribunaux.

IV. Le paragraphe premier de l'article 6 doit être entendu en ce sens qu'aucune marque de fabrique ou de commerce ne pourra être exclue de la protection dans l'un des Etats de l'Union par le fait seul qu'elle ne satisferait pas, au point de vue des signes qui la composent, aux conditions de la législation de cet Etat, pourvu qu'elle satisfasse, sur ce point, à la législation du pays d'origine et qu'elle ait été, dans ce dernier pays, l'objet d'un dépôt régulier.

Sauf cette exception, qui ne concerne que la forme de la marque, et sous réserve des dispositions des autres articles de la Convention, la législation intérieure de chacun des Etats recevra son application.

Pour éviter toute fausse interprétation, il est entendu que l'usage des armoiries publiques et des décorations peut être considéré comme contraire à l'ordre public, dans le sens du paragraphe final de l'article 6.

V. L'organisation du service spécial de la propriété industrielle mentionné à l'article 12, comprendra, autant que possible, la publication, dans chaque Etat, d'une feuille officielle périodique.

VI. Les frais communs du Bureau international, institué par l'article 13, ne pourront, en aucun cas, dépasser, par année, une somme totale représentant une moyenne de 2,000 francs par chaque Etat contractant. (Cette disposition a été abrogée par un protocole du 15 avril 1891.)

Pour déterminer la part contributive de chacun des Etats dans cette somme totale des frais, les Etats contractants et ceux qui adhéreraient ultérieurement à l'Union, seront divisés en 6 classes, contribuant chacun, dans la proportion d'un certain nombre d'unités savoir :

1re Classe.....	25 unités.	4e Classe.....	10 unités.
2e »	20 »	5e »	5 »
3e »	15 »	6e »	3 »

Ces coefficients seront multipliés par le nombre des Etats de chaque classe, et la somme des produits ainsi obtenus fournira le nombre d'unités par lequel la dépense totale doit être divisée. Le quotient donnera le montant de l'unité de dépense.

Les Etats contractants sont classés, ainsi qu'il suit, en vertu de la répartition des frais :

1re Classe .... France, Italie.
2e — .... Espagne.
3e — .... Belgique, Brésil, Portugal, Suisse.
4e — .... Pays-Bas.
5e — .... Serbie.
6e — .... Guatemala, Salvador.

L'administration Suisse surveillera les dépenses du Bureau international, fera les avances nécessaires et établira le compte annuel, qui sera communiqué à toutes les autres administrations.

Le Bureau international centralisera les renseignements de toute nature relatifs à la protection de la propriété industrielle et les réunira en une statistique générale qui sera distribuée à toutes les administrations. Il procédera aux études d'utilité commune intéressant l'Union et rédigera, à l'aide des documents qui seront mis à sa disposition par les diverses administrations, une feuille périodique, en langue française, sur les questions concernant l'objet de l'Union.

Les numéros de cette feuille, de même que tous les documents publiés par le Bureau international, seront répartis entre les administrations des Etats de l'Union, dans la proportion du nombre des unités contributives ci-dessus mentionnées. Les exemplaires et documents supplémentaires qui seraient réclamés, soit par lesdites administrations, soit par des Sociétés ou des particuliers, seront payés à part.

Le Bureau international devra se tenir, en tout temps, à la disposition des membres de l'Union, pour leur fournir, sur les questions relatives au service international de la propriété industrielle, les renseignements spéciaux dont ils pourraient avoir besoin.

L'administration du pays où doit siéger la prochaine Conférence préparera, avec le concours du Bureau international, les travaux de cette Conférence.

Le directeur du Bureau international assistera aux séances des Conférences et prendra part aux discussions sans voix délibérative. Il fera, sur sa gestion, un rapport annuel qui sera communiqué à tous les membres de l'Union.

La langue officielle du Bureau international sera la langue française.

VII. Le présent protocole de clôture, qui sera ratifié en même temps que la Convention conclue à la date de ce jour, sera considéré comme faisant partie intégrante de cette Convention et aura mêmes force, valeur et durée.

En foi de quoi, les plénipotentiaires soussignés ont dressé le présent protocole.

Cette Convention a été complétée par les résolutions des Congrès de Rome, Madrid et de Vienne.

Compiègne. — Imprimerie A. MENNECIER, rue Pierre-Sauvage, 17.

COMPIÈGNE — IMPRIMERIE A. MENNECIER

COMPIÈGNE — IMPRIMERIE A. MENNECIER

www.ingramcontent.com/pod-product-compliance
Lightning Source LLC
Chambersburg PA
CBHW060747280326
41934CB00010B/2395